Este libro
pertenece a

....

....

Puedes consultar nuestro catálogo en www.picarona.net

¡PERRO Y PINGÜINO! EL HUEVO PERFECTO
Texto: *Hazel Gardner*
Ilustraciones: *Nikki Dyson*

1.ª edición: marzo de 2025

Título original: *Penguin and Pup! The Perfect Egg*

Traducción: *Júlia Gumà*
Maquetación: *El Taller del Llibre, S. L.*
Corrección: *Sara Moreno*

Edita: Picarona, sello infantil de Ediciones Obelisco, S. L.
Collita, 23-25. Pol. Ind. Molí de la Bastida
08191 Rubí - Barcelona - España
Tel. 93 309 85 25
E-mail: picarona@picarona.net

ISBN: 978-84-9145-775-6
DL B 15682-2024

Printed in China

MIXTO
Papel | Apoyando la
silvicultura responsable
FSC® C010256

Para Bea y Alfie X — H. G.

Para mis preciosas sobrinas,
Juliet y Betty Boo X — N. D.

EL Sol de primavera hizo sonreír a Pingüino.
—Voy a sentarme aquí solo un ratito.

Disfrutaré de Los pájaros, pondré Los pies en alto.
Pronto Llegará La Pascua, ¡oh, qué regalo!

¡PÍO-PÍO!

La guía del
EXPERTO
EN HUEVOS
Sir Donald
Waddledom
volumen 2
EL HUEVO PERFECTO

P

–¿Pascua? –Perro apareció causando revuelo–.
¡Voy a encontrarte un huevo PERFECTO!

Pingüino dijo:
—Perro, no hay necesidad
de hacer nada del otro mundo, ¿verdad?

Para mí, el *huevo perfecto* es
sencillo, dulce y chocolateado para...

–¡VOLAR HASTA SATURNO! ¡Y con el huevo espacial haremos un vuelo nocturno!

¡Quizás será un barco pirata de cáscara de huevo!
¡Y a Barbanegra tomaremos el relevo!

Pingüino frunció el ceño y pensó un rato.
—En mi mente, el huevo no tiene ese formato.

¡CHAS!

Me gustaría un huevo más discreto.
Uno pequeño que pueda...

—¡Un dinosaurio no puede vivir en nuestro piso!
¡Oh, Perro! ¡Primero debes pedir permiso!

La *perfecta* golosina de Pascua
es un huevo sencillo que pueda...

—¡POR FAVOR, SILENCIO! —gritó Pingüino—.
Perro, ¡qué TONTERÍAS has dicho por el camino!

¡Tus planes son una completa locura!
A tus ideas sobre los huevos
les falta cordura!

Un huevo no nos llevará al espacio,
¡y ese cohete seguro que va despacio!

¡PLAT!

CHOF

NO **NAVEGARÉ** en una nave
de cáscara de huevo, ¡Barbanegra
nos terminará usando de cebo!

Los dinosaurios no hacen ganchillo,
y conducir el coche huevo...
¡no será tan sencillo!

SNIF

¡NO!
¡NO!
¡NO!

Lo único que quiero por Pascua
es un huevo de chocolate que pueda...

–¡Me he vuelto loco! –Perro se quejaba y lloraba.
Pingüino parecía enfurecido y murmuraba:

Perro, deberías haberme
escuchado antes.

Quizás debería...

Los grandes ojos de Perro
brillaron con lágrimas.
—Sé que todas esas cosas no eran necesarias.
No quiero que estés enfadado conmigo.

Y al escuchar eso, Pingüino
miró arrepentido a su amigo.

—Lo siento, Perro, tus planes eran dulces.
Ahora, vamos a encontrar un huevo para...

—¡LLEVAR COMO PANTALONES! —exclamó Pingüino.

¡YAY!

¡BEEP! ¡BOP!

—¡O para hacer un huevo-robot muy divertido!

–No –dijo Perro–. La mejor golosina
es sólo un huevo para...

COMER.

Es lo que QUIERES, y se ve delicioso.
¡Comer todo este chocolate será maravilloso!

¡CRAC!

—Es perfecto –dijo Pingüino–, sí, señor,
cuando estamos unidos ¡es lo mejor!

¡SPLASH!

Perro asintió y dijo:
—Es verdad...

ENTREGA
EXPRÉS

UN
huevo
EXTRA
GRANDE

COMER EN UN DÍA

¡Pasar La Pascua contigo es pura FELICIDAD!

¿Eres más como PERRO o PINGÜINO?

CÓMO JUGAR:

Responde a Las preguntas y sigue Las flechas hasta La siguiente pregunta para descubrir si eres más como Perro o como Pingüino.

¡EMPIEZA AQUÍ!

¿Qué preferirías que saliera de un huevo?

Visitar La costa

¡Chocolate, chocolate y más chocolate!

Preferiría un juguete para jugar

Tus vacaciones favoritas son:

¿Cuál es tu huevo de Pascua perfecto?

Un dinosaurio amistoso

¡Encontrar!

¿Qué es más divertido, encontrar huevos de chocolate o comérselos?

Un pajarito cantor

¡Comer!

¡El Sol ha salido!
¿Qué vas a hacer?

Esculpir un arbusto
con forma
de T. Rex

¿Cómo te gustan
los huevos?

Un viaje al espacio en
el huevo espacial.

Tomar el Sol
y observar
a los pájaros.

¡CON PURPURINA!
¡LAZOS! ¡CINTAS!

¿Cómo decorarías
tus huevos de Pascua?

Muy revueltos.

Con un diseño sencillo.

Perfectamente
escalfados.

¡Eres PINGÜINO!

¡Eres Pingüino hasta
la médula! Eres amable,
sensato y sueles
preferir las actividades
más tranquilas. ¡Ah!,
y mucho chocolate,
por supuesto.

¡Eres PERRO!

¡Parece ser que eres
más como Perro!
Eres enérgico, atrevido
y tienes una gran
imaginación. ¡Prepara
ese huevo espacial
para el DESPEGUE!